시간을 깁다

시아현대시선 **026**

시간을 깁다

진명희 시선집

인쇄일 | 2025년 08월 05일
발행일 | 2025년 08월 13일

지은이 | 진명희
펴낸이 | 김영빈
펴낸곳 | 도서출판 시아북(詩芽Book)

출판등록 | 2018년 3월 30일
주소 | 대전광역시 동구 선화로214번길 21(3F)
전화 | (042) 254-9966
팩스 | (042) 221-3545
E-mail | siab9966@daum.net

값 17,000원

ISBN 979-11-94392-40-8(03810)

---

* 본 사업은 2025년 국가예술인복지재단 창작지원금 일부를 지원 받아 발간하였습니다.

시간을 깁다

진명희 시선집

시아북
詩芽BOOK

한옥 대청마루에서
돌아가신 어머니를 만난다

곱디고운 세모시 입으시고
따스하게 웃어주던

어머니,

하얀 고무신
눈물처럼 반짝이는데

어느새 내 곁에 앉아
함께 눈물짓는 이슬비

떨리는 마음으로 첫 시집을 세상에 내놓으며,
'열 번째 시집은 시선집이었으면 좋겠다'고 생각했었다.

"말이 씨가 된다"는 옛말을 위안 삼아 등단 25주년에
열 번째 시집을 시선집으로 묶는다. 여전히 떨린다.

이 떨림은 나의 시詩가 되었고 또한 삶이 되었다.
늘 처음처럼 안겨주던 새로운 떨림은 꿈이요 또한 용기였다.

그동안 졸시에 기꺼이 평설을 써 주시고,
즐겁게 읽어주신 많은 분에게 머리 숙여 감사드린다.

이 한 권의 시집이
또 하나의 작은 기쁨이 되었으면 좋겠다.

기름지고 촉촉한 마음 밭에 아름다운 꽃송이들이 피어
나길 꿈꾸며, 늘 아낌없는 사랑으로 함께 해 준 식구들에
게도 고마움을 전한다.

2025, 여름

진명희

8

3부
자꾸만 흘러서 갔다

4부
시간을 깁다

1부

하늘빛이 눈부시다

살아있다는 것은
몸에서 김을 뿜어내듯
온 힘을 모으는 것이다

낙조

고분고분
뒤따르던 시간들이
일제히 화살촉이 되어
낙일의 등에 꽂혔다

온몸이 핏덩이가 되어
떨어지는
한 마리
낙조

비 오는 날엔

빗줄기마다 장대로 꽂혀
울타리를 치며 나를 가둔다

갇혔다고 깨닫는 순간
탈출을 꿈꾸며 필사의 몸짓으로 문을 연다

가슴까지 넘치는 빗줄기
언제 걸어왔는지 젖은 나무들이
장대 뒤로 또 울타리를 치고 있다

빗줄기마다 쇠창살로
내리치는
닫힌 마음의 창

이런 날엔 훌훌 옷을 벗고 비를 안고 싶다
말 없는 육체와 감미로운 영혼이
함께 뒹굴며 축복의 세례로 목욕하고 싶다

어떤 만남

쪽빛 하늘이 바다와 만났다

어느 것이 하늘이고
어느 것이 바다인지
알 길이 없다
다만
하늘이 내려왔으니
위에 있을 것이요
바다는 밑에서 두 팔을 벌려
포옹했으리라

파도는
이를 아는지 모르는지
헛기침만 하얗게 토해냈다

관솔

어젯밤엔 열병을 앓고
오늘 아침엔 코피를 쏟았다

얼굴 한가득 비릿한 냄새,
입가에 번지는 웃음, 기쁨일까!

피를 쏟는다는 것은
열이 내리고 다시 피를 만들 수 있다는 것이다

상처를 바라보는 기쁨으로
나의 시詩는 자라날 것이다

시계

멈추는 것이 끝이라면
움직인다는 것은 시작일 뿐이다.

정지시킬 수 없는
삶은 언제나 영원한 출발,
보이지 않는 내일의 시각이다

생명의 불꽃이
피었다 진다

진공청소기

몸뚱이가 웅크린 채
광풍 속으로 빨려 들어간다

덤불 속에서
무언의 몸부림이 시작된다

바람이 휩쓸고 지나갈 때마다
뜻 모를 아우성이 터진다

태풍처럼 지나간 자리에
반짝, 새 세상이 펼쳐진다

아침 열기

창문을 열자
문밖에 서성이던 여윈 바람이
우르르 몰려든다

간밤 어둠으로 지워졌던
하늘이 되살아나고

꿈으로도 못 피어난
상념들도 살아온다

긴 숨으로
하늘과 땅의 체취를 마시는
아침 열기

찻집에서

차 한 잔으로 고인
기다림이 홀로 넘친다

뮤직박스를 열고 나온 귀에 익은 소절들이
쪽배로 떠 파도를 타고 온다

반반인 듯싶은
기다림과 선율의 깊이

수평선 그 어디쯤
나는 익사체로 누워 있다

탁자 위엔
미처 다 비우지 못한 모카 향이

죽음인 듯 슬픔을
소지로 태워 올린다

강물

시간을 묶어 두기로 하자
그리곤 잠에 들자
보이지 않는 세상을 보기 위해
보이는 것을 보지 않기 위해
두 눈을 감고
곧 밀려들 어둠을 그려보자

어둠은 또 다른 시작이 될 것이다
그 시작은 날개를 칠 것이며
끊임없이 또 다른 시간을
기워갈 것이다
겹겹이 걸친 옷자락에
살아있는 모든 생명에게

겨울 사랑

한꺼번에 밀려드는 바람에
턱 밑까지 숨이 차오른다

핸들을 잡은 손엔 저절로 힘이 쥐어지고
발끝엔 짜릿한 전율이다

벌겋게 달아오른 얼굴 위로
눈덩이가 자꾸만 쏟아진다

녹지도 못할 눈덩이가
가슴에 얼굴을 묻는다

녹이지도 못할 가슴이
자꾸만 눈덩이를 받아먹는다

　- 이러다간 내 뱃속이 넘쳐나
　　터질지도 몰라

감당할 수 없으면서
내려놓지 못하는 욕심이다

터지고 나서야 후회하고 마는
나의 사랑이여,

하얀 눈송이가
아픔처럼 알알이 부서진다

아침은

아침은
스스로 오는 것이 아니라

깊은 어둠을 밟은 발자국만이
맞이하는 것

빛을 찾아 떠난 영혼이
어둠 끝에서 비로소 만나는 것

그리하여 얼굴 비비며
한 몸으로 부둥켜안고

빛과
동행하는 것

여름, 보내다

솔잎 사이로 햇빛이 반짝이고
매미 소리 목청껏 여름을 잡는다

플라타너스 그늘엔
바람 소리 옹기종기 모여든다

더위에 고개 숙인 콩잎,
열매들 도란도란 익어가는 소리

여름이 가는 소리
가을이 오는 소리

이곳에 내가 서 있어
어줍은 내 아쉬움이 있어

산자락 눈에 잡히리니
머얼리 멀리 떠나야 하리니

임존성에 오르다

허리가 잘린 숨결은
나뭇가지에 혼령처럼 달라붙어
바람처럼 소리 낸다

그 소리 피투성이로
만신창이가 되어
목숨보다 질긴 성城을 이루었으니

흘렸던 피눈물은 마를 줄 몰라
산허리 적시며
오늘도 묵묵히 성城을 지키고 있다

미처 다 오르지 못한
혼령은 울음을 삼키며
돌무덤을 쌓았다

산 아래로 마실 나간 전설들은
언제 오려나, 옹기종기 앉아
말벗 기다린다

이름 모를 산새 한 쌍,
소나무 가지에 보금자리 틀었다

지나가는 저녁 바람도
숨을 죽인다

낮달

딸아이가
흰 머리카락을 뽑는다

머리카락이 뽑힐 때마다
따끔거리는 아픔,

쌓여가는 머리카락을 세며
딸아이는 좋아라 소리친다

철없는 웃음에
덩달아 쓴웃음 짓는데

기웃거리던 낮달도
발길 멈추고 미소 짓는다

수덕사에서

소리 있는 곳에
마음도 깃든다

육중한 소리는 발걸음을 멈추게 하고
낭랑한 소리는 눈을 뜨게 한다

이 세상 온갖 것에
소리가 깃들이지 않는 것이 어디 있으랴

찬바람 속에 홀로 서 있는 북이
몸서리치듯 아찔한 소리를 내뱉는다

살을 태우는 향 내음이
온 경내에 주름으로 퍼지는

수덕사의
겨울 서정

영랑 생가에 들다

돌벽에 새겨진 당신의 시가 반겨 줍니다
살아계신 듯 허리 펴시고 꼿꼿이 앉아 백지에 획을 긋습
니다
뒤 곁의 소슬바람은 어루만지듯 찰랑입니다
은행나무는 당신의 안녕을 살피듯 말없이 서 있습니다
여전히 아름다운 자태를 뽐내고 있는 정원의 꽃나무들,
참으로 아득한 시간이 흘렀습니다

시간은 역사를 만들고 새로운 날들을 기우고 있습니다
아침 해가 기울어 노을을 빚는 아름다운 시간입니다
*돌담에 속삭이는 햇발같이 따스한 마음 안고 발길 돌립
니다

* 돌담에 속삭이는 햇발같이: 김영랑 시인의 시 제목

도공陶工

살을 태우는 아픔을
함부로 말하지 말라

얼음 같은 차가움으로
빚어 내지 못하거든

혼을 태우는 불길을
함부로 바라보지 말라

흙 속에 묻어둔
백자 같은 마음

땅끝마을

땅끝마을 끝자리에 섰다
그곳에 서면 낭떠러지로 떨어지는 줄 알았다
행여, 떨어질까 발바닥 꾹꾹 눌렀다

땅끝
바다 끝
하늘 끝

끝은 어디에도 없었다

끝인가 싶으면 바다가 시작되고
바다가 끝이겠지 하면
하늘이 얼굴을 내민다

끝은 시작이요,
시작은 곧 끝이다

땅끝에 서서
바다를 본다

바다의 끝을 찾기 위해
하늘을 우러른다

조춘早春

새어 나오는
한기寒氣에

봄바람
엉거주춤

옷차림에
눈이 쏠린다

봄

손에 잡히는
한 줌의 빛살

벗어날 수 없는
좁은 뜨락에서

한동안 신열에
휩싸인다

하늘빛이 눈부시다

바람은 앞서고
나뭇잎은 뒤따른다

함께 했던 푸르름을
다시 한번 다독거려 세우고

흐르다 멈춘 내 청춘도
붙잡아 세운다

새들도 떼 지어
집을 찾는다

줄지어 나는 새들의 날개 사이로
뿜어나오는 더운 김을 본다

아, 살아있다는 것은
몸에서 김을 뿜어내듯 온 힘을 모으는 것이다

높이 날고 싶은 저물 무렵,
하늘빛이 눈부시다

들녘에서

지구가 돈다는 것은
세상이 그렇게 돈다는 것입니다

물이 흐른다는 것은
나무가 쑥쑥 치솟아 자란다는 것입니다.

보세요, 비가 내린 자리에
펑펑펑 눈이 쌓이고 있는 모습을

소리 없는 시간이, 흔적 없는 이야기들이
제각각 돌고 자라고 있는 저 너른 들판을

사람이 태어난다는 것은
너와 나, 저렇게 어지럽다는 것입니다.

하느님의 사랑

꽃밭의 잡초를 뽑는다
잡아당기고 당겨도
좀처럼 뽑히지 않는 쑥부쟁이
무엇에 대한 미련일까?

한 덩어리가 되어
떨어질 줄 모른다

- 하느님, 당신의 사랑이
  여기에 있습니다

봄비 오는 날에는

봄비 오는 날에는
우산을 준비하지 말자

푸석거리는 땅을 다 적시려면
미처 썼던 우산도 접기로 하자

겨우내 메마른 마음조차
적시지 못할 비,

우산을
펴지 말자

물기 오르기 시작하는 나무와 잎새들
빗물로 온몸을 적시기까지

우산일랑
준비하지 말자

봄비 오는 날에는
얼굴의 화장기마저 지워버리기로 하자

나무와 나무 사이

나무와 나무 사이
한 뼘의 땅에서
세상의 양면을 본다

그늘 속에서 꿈틀거리는 지렁이의 몸짓과
빛 속에서 빛나는 한 잎의 낙엽을,

나무와 나무 사이
한 자락의 터전에서
미처 맺지 못한 눈물을 본다

보름달 밑으로 흐르는
짙은 그림자를 본다.

엄마를 찾아서

어두운 천장에서 수많은 별이 일제히 쏟아진다
아이들 어렸을 때 붙여놓은 야광별 스티커가 아직
살아있다

"엄마별은 저~기, 내 별은 여기"
아이의 목소리가 좌르르 쏟아진다

세월이 흘러도
아, 사라지지 않는 별빛

지워지지 않는
아이의 웃음소리

여윈 엄마를 찾는다
귀퉁이 저편, 엄마가 소리 없이 웃고 있다

유월에

하늘이 내려와
짐을 풀었다

보따리 속에서
쏟아져 나온 한 더미

세상이
하나, 초록이 되었다

능소화

햇살보다

더한 뜨거움이

불덩이가 되어

활활 타오르고 있다

가을, 산사

여름은 가고 없지만
뜨거움은 붉게 살아 있어
하늘을 향하는 마음보다
겸손히 조아린 무릎아래로
나무들은 일제히
제 그림자를 내려놓는다

바람과 마주했던 생채기 휩쓸릴 때마다
종은 홀로 울린다, 홀로 울어 퍼진다
모든 것을 벗어버리면 홀가분하다
빈손 다시 모아 하늘을 우러른다
스스로 몸을 태우는 산사의 나무들,
점점 붉어져 간다

겨울나무

푸르른 교만이
고개를 떨군 채
알몸으로 서 있다

빈 가슴에 차가운
바람이 모여든다
가지마다 하얀 서리꽃 피었다

나무는 다소곳이
새로운 생명의 자리를
준비하고 있다

이별

풍풍풍 내린 것이
눈꽃인가 했더니
밤새 흘린 내 눈물이었다

녹지 못한 겨울바람이
달빛과 함께
꽁꽁 언 채로 서 있다

눈사람, 하나

서러움이라고 하기에는
눈물이 너무 달다

괴로움이라고 하기엔
너무나 따스한 가슴

야위신 아버지를
만나던 날 아침,

흰 눈 내리는 뜰에 내려서서
아버지를 올려다본다

눈사람 하나,
웃고 있다

새벽, 별

두 손 모으면
기도가 될까

무릎 꿇으면
눈물이 될까

눈을 감으면
하늘이 보일까

문을 열면
십자가를 만날까

웃음으로
다가오는

새벽
별 하나

탑

이제는 그만 오르자
더 이상 오를 데도 없다

귀를 세우고
세상의 소리 다 듣지 말자

속이 까맣게 타들어 가도
슬퍼하지 말자

못다 한 말들은
눈물로 어루만지자

유월의 햇살,
탑 위에 흥건하다

아버지 생신날

시간 속을 걷는 사람보다
시간의 흐름을 말해주는
사람의 숨결이 더 서럽다

어릴 적
아버지의 손을 잡고 걸었던 들녘,
하늘은 파랗고 새소리는 정다웠다

아버지 생신날,
야위신 아버지의 모습을 본다
몸은 왜 이리 작아지셨을까,

손재주가 많았던
아버지의 손등엔 눈물 꽃 닮은
검버섯이 피어났다

아, 아버지
작아져 가는 몸에 기대어
나는 이만큼 커졌을 것이다

흙냄새와 새소리가 사라진
도시의 아파트엔 여전히 바람이 불고
창밖에는 하얀 눈이 슬픔처럼 쌓이고 있다

어머니

먼 길 갔다가
사는 곳에 들어서면
설레는 마음조차 낯설다
푸른 숲이 낯설고
떠다니는 구름조차 낯설다
바람이 불고
나뭇잎이 그 바람결에 몸을 흔들고

낯선 곳에서 어머니를 찾는다

저만큼 어머니가 웃고 계신다
두 팔을 넉넉히 벌려 안아 주신다
따스한 햇살이 마구 쏟아진다

내가 사는 곳, 낯선 곳에
어머니가 웃으며 서 계신다

폭설

원칙 아닌 원칙 속에서
우리 모두 매달려 있었다

밤새도록 어둠과
마주한 세상

두 어깨가 휘청거릴 정도로
모르고 있었다

달빛

어두운 밤에
대낮같이 환한 너를 만나
속살 같은 대화를 잇는다

부끄러움도 없고
감출 것도 없는
입가엔 웃음만 잇는다

개울가 싱섬나리로
이어지는 길과 도로
전기선, 전화선, 철로

그리고 그림자의 머리와
또 다른 그림자의 다리

선과 선 사이로
달빛은 홀로 서 있다

2부

꽃불, 그 향기가 타고 있다

사랑한다는 것은
이슬방울 위에 내려앉은
아침햇살 같은 것,

겨울, 예당저수지

바람 소리 잠재웠다
하늘 보기도 접었다
새들은 농익은 날개마저
펼쳐 보이지 않았다
거친 숨소리가 잦아든 자리
가슴으로 저며 오는 싸늘한 바람의 고요
겉으로는 하얗게 굳혀버리고
싸늘한 네 몸, 뜨겁게 안고
잠들고 말았는가,

미끄러져 흘러내리는
물속 깊은 침묵

단풍잎이 떨어지네

무엇 때문일까,
온통 얼굴을 붉게 적시었다
흐르는 눈물만큼
자꾸만 쌓여가는 바람의 세월
그 언저리에 나도
이만큼 얼굴을 붉히면서 살아왔구나
발끝에 떨어지는 단풍잎을 밟고는
서걱이는 소리를 모아
나도 한 잎 단풍이 된다

그리움이 발자국처럼
함께 내려앉는다
가슴이 무너지는 소리와 함께
바람이 스쳐 가는 소리가 어우러진다
우러러 바라보는 하늘 속에서
아픔이 쏟아져 내린다

가을날,
단풍잎이 내 몸으로 진다

곰나루에서

곰나루 솔밭에서
한 줄기 흔들리는 솔바람을 만났다
한 마리의 곰처럼, 미련하게
오직 한 사랑, 그 사랑 때문에
첨벙, 물결을 일으킨 강바람을 만났다
사랑은 바람과도 같은 것
때로는 분노로, 때로는 뜨겁게
사랑을 곰같이 해야 한다는 것을 알았다
가늘게 떨리는 솔이파리처럼
이별을 꿈꾸다가도
이별이란 사랑의 끝이 아니라
앞서서 번진 물너울을 뒤에서 밀듯이
끊임없이 번지는 것처럼 되풀이된다고
그렇게 미련하게 또 시작되는 것이라고
소리 없이 외쳐대는 강바람,
솔바람 소리로 알았다

금강

물결에
햇살을 더하면
비단이 된다는 걸
처음 보았다

이곳에서
강물을 바라보면
왜 눈이 부신가를
처음 알았다

생명 하나가
은비단을 몸에 걸치고
강물 속에서 튀어 오르는걸
처음 만났다

사과나무

때마다 철마다
여우짓이다

웃음도 울음도 때론
사랑스럽다

가진 것 없다고
두 팔을 흔들어 대지만

알고 보면
속마다 가득한 의미

넘쳐나는 건
이미 깊은 가을이다

3월, 수덕사에서

아직 겨울의 긴 그림자가 향불 속에 드리워져 있다
처마 끝 풍경이 오늘따라 유난스레 그네를 탄다
옷깃을 여미게 하는 바람 자락이 반야심경의 글 알
들을 허공에 날린다

무릎을 꿇고 나면,
두 손으로 합장하고 나면,

스님의 장삼 자락이 저녁놀에 서럽다
설움도 고통도 아닌 억겁 같은 것들이
버릴 수도, 취할 수도 없는 대안代案이 함께 꿈틀거린다
조금조금 어둠 속으로 빠져드는

수덕사의 3월

메밀꽃

슬픔이 얼마쯤 가라앉아야
앙금으로 남아 기쁨이 될까?
깊은 물 속에서 꽃들이 몸을 흔든다
덩실덩실 어우러져 춤추고 있다

수면에 뿌려놓은 수천수만 개의 진주알들

물속 가득 진주 꽃이 피었다
날빛을 받아 너욱 피어나는 꽃
깊은 물가에 슬픔이 일어서서
꽃이 되었다

눈부신 모습으로 기쁨이 되었다.

아 아, 슬픔은 가라앉는 게 아니라
일어서는 것이로구나!

얼음꽃

눈바람 지나치다가
문득 멈춘 곳, 그 언저리에
피어난 한 송이

눈물이 얼음 되어
배시시 미소하는
꽃

기다린다는 것은

기다린다는 것은
가슴이 커지는 연습을 한다는 것이다
마음이 뜨거워지고 있음을 안다는 것이다
너와 내가 만나 만든 저만큼의 거리를
내가 너에게로 네가 나에게로 다가가
조금씩 좁혀간다는 것이다

기다린다는 것은
설렘을 삵는다는 것이다
먼 산 나무들이 물들기 시작하고
보아라, 바다가 저리도 파도를 일며
마냥 출렁이는 모습을
어느새 가슴 저리기 시작한다

기다린다는 것은
끊임없이 뭍으로 뭍으로 다가선다는 것이다

상사화

그립다, 미운 만큼 그리워서
알몸으로 꽃을 피운다

붉던 가슴, 그대
다가설 수 없는 손길은
푸른 파편이 되어
팔월의 뜰에 흩어져 떨어진다

아무도 찾을 수 없는 곳
숨어버린 뿌리는
늘 젖어 있다
결코 움직이지 못하는 자리

사랑이란 마주 보는 앞에서
멀리 바라보는 것

꽃불, 향기가 타고 있다

사월이면 꽃들이 탄다
산자락, 길가, 정원에서
한꺼번에 우우우 타고 있다
바람은 불길을 더 일으키고
사람들은 우왕좌왕
치솟는 불길을 잡을 수가 없다
여기저기 쓰러진 잔재들이 쌓이어가고
타고 난 재들은 훨훨 날고 날아
나무 위에, 풀 위에 또 하나의 꽃을 피운다

꽃불, 향기가 타고 있다

사월, 목련꽃 향기가
젊은 베르테르의 편지 속에서 불타고 있다

인동초

무수한 시간
입을 다물고
아픔을 넘겼다
목젖이 따가워
눈물을 흘리며
침을 삼켰다
마르지 못한 눈물이
가느다란 줄기에
한 점 한 점
매달리듯 맺혀
지워지지 않는
꽃이 되었다

죽지 않는
영혼이 되었다

사랑한다는 것은

사랑한다는 것은

이슬방울 위에 내려앉은
아침햇살 같은 것,

동여매지 못하는 상처를 주는 것
눈물 없는 슬픔을 가르쳐 준다는 것이다

사랑하는 사람이여,
낮달이 끝내 제 길을 찾지 못하는구나

어둠이 오는 길목에서
자꾸만 서성이기 시작하는구나

세월은

옹이는 사라지지 않는다
버티고 선 힘으로 날을 세운 날들이
한 줌의 톱밥처럼 푸석푸석 뼈들을 접는 일
송진 같은 끈끈함으로 이어 주던 맥이
그 존재의 깊이로 우러렀던 시간이
낡은 세월의 한 모퉁이에서 길을 멈춘다

강물처럼 소리 없이 흘러야 한다며
부딪히며 소리 내는 끝없는 갈등
잔잔한 미소로 달래주던 바람이
잠시 웃음 짓는다

세월은
쉬지 않고 흐르는 것이 아니라
흐르면서 자꾸만 길을 접는다

아침은

쏟아진 햇살을
쓸어 모아 쥐어 본다

뜨거움이
온 가슴에 퍼진다

온몸의 피가 한곳으로 모여
역류하는 기쁨의 전율

아침은
꽃이 되는 연속 작업이다

장미

겹겹이
감싸도

보일까?

수줍음
밝히는

얼굴

신두리에 가면

누구든지 신두리에 가면
소리 지르는 바다를 만난다
소리로 모인 수많은 모래 알갱이

누구든지 신두리에 다녀오면
한 편의 시를 쓰고 노래를 부른다
바다의 페이지마다 그려있는 오선의 시어들

사막 한 귀퉁이를 닮은 침묵의 땅,
침묵을 뚫고 일어선 모래톱에선
해당화가 향기를 품고

구름이 가득한 밤이라도
달맞이꽃은 무리 지어
달빛 사냥에 나선다

신두리의 바다는
원시의 모래밭, 무수한 발자국들을
지우며 지우는 하루가 바쁘다

먼 산 보기

눈과 눈 사이로
흐르는 강
생명을 가진 것들은 모두
꿈틀거리며 소리를 낸다
들과 나무와 새소리로 퇴색한
기억들은 바람결에도 상처를 낸다

아름다운 상흔
돌아서는 뒷모습으로 빛나는 저녁놀
눈과 눈 속으로 어느새 아침이 온다
강물은 흘러 어제의 흐름이 아니다
먼 산을 보니
어제의 상흔에서 소리가 난다

나의 사랑

바람은 머물렀다 지나치고
물결은 바람 따라 또 흔들리고
나뭇잎은 가을을 지나
겨울 속으로 떨어졌다

아, 나의 사랑도 이렇게
시간 속에서 지나치다가
흔들리다가 소리 없이
가버리는 것이 아닐까

잔잔한 물결이
자꾸만 찰랑인다
달빛에 어린 그리움이
사뭇 차갑다

연꽃
- 부여 궁남지에서

뿌리가 자라 잎이 생겨나고
꽃이 핀다는 것은
그렇구나, 드러낸다는 것

하늘에 해가 떠오르고
바람이 불어온다는 것

밤마다 별은 제 자리에 뜨고
그 곁을 달이 지나간다는 것

그렇게 오고 가며
살아 움직인다는 것으로
진흙 속의 연꽃은 피어났다

천 년 전의 물결이
한 송이 연꽃으로 세상을 열었다

연꽃으로 피어 드러내는
백제의 숨소리를 들었다

속으로만 품을 수 없는
진흙 속의 설렘을 발굴해 낸
백제의 와당瓦當,

그 향기로운
연꽃의 무늬를 보았다

사랑은

사랑은
머물러 익어가는 것이 아니라
용솟음치며 새롭게 일어서는 것

해는 솟아 날을 밝히고
새들은 날아 하늘을 가르고
강물은 흘러 자국들을 지운다

사랑은
새롭게 살아서
이어져 오는 것

일몰

고달픈 하루로
머리를 쓸어 넘긴다
시간의 잔해들이 먼지처럼 날린다

뜨겁게 솟아올랐던 아침의 열정도
사그라진 육신의 저녁 한 때처럼
어루만지듯 두 눈이 감긴다

점점 희미해지는 오늘,
속삭이듯 다가서는 시간의
끝자락을 붙잡아 무엇을 하려는가

말없이 쏟아지는 별빛, 그 위로
함께 깃드는 달빛,
어둠 속에 묻혀 깃을 털어낸다

성성한 입김
- 강경 황산 나루에서

강어귀 돌고 돌다 보면
먼 날들이 강물처럼 밀려왔다 흘러간다
전혀 본 일조차 없는
낯선 풍경들이
바람 속에서 함께 펄럭인다

백 일 동안 음지에서
삭고 또 삭아왔다
눈 부신 햇실 아래
차마 소리하지 못해도
구수한 웃음을 다하는 젓갈 내음
깊은 물 속까지 스며들고 있다

황산 나루 옛 포구의 고동 소리는
다 어디로 간 것일까,
만나는 사람 스치는 옷자락마다

땅을 뒤흔들 듯 울려 퍼지던
그 영하는 다 어디로 간 것일까,

가을 하늘만큼이나 낭랑한 햇살,
문득 입안에서 스르르 감도는
짜릿한 입맛, 그 성성한 입김
깊은 탁류 속에서 때를 기다려 온
은빛 비늘의 햇살 한 줌, 수천만의 새우 떼들이
황산벌 천지간에 우우우우 퍼지고 있다

백송白松
- 추사고택의 백송을 보며

세상의 근심이
저리도 깊었을까

슬픔이 쌓여
하얗게 진이 녹은 올곧은 줄기
가슴을 다 털어 내어도
풀리지 않는 유배의 분노 때문일까

세한歲寒을 견뎌오듯
뱉어내지 못한 채 삼키고
굳어버린 수많은 언어

그 모습일까, 전각篆刻으로
푸른빛을 품고 나더니

그마저 다 잃어버린 채
저리도 허옇게 서 있는

백송 한 그루

연필로 시를 쓰다

흑심을 품고 사는
단단한 세상

지우고 지워도 남아있는 자국
그 자국 위에서 춤추는 글자들,

때로는 뾰족하게 날을 세우고
때로는 둥글둥글 검게 웃다가
때로는 긴 잠에 묻히고 만다

손가락 사이에서
놀아나는 행복한 몸짓

얽히고설킨 운명을 안고
겹겹이 막힌 네모난 공간 속에서
수줍게 웃고 있는 꿈의 잔해들

책장을 열며

먼지를 털어 내듯
책장을 연다
부끄러운 날들이 움츠리고 앉아 있다

빗장을 열듯
세상의 문을 열어젖히자
아쉬운 날들이 고개를 숙이고 있다

참 오래 잊고 살아왔구나
붉은 연필로 밑줄이 그어진 글자들
물망초의 꽃말과 희망, 그리고
저 높은 하늘과 우람한 산
그 중턱에 한 사람이 서 있다

책장을 열자마자
한 사람이 성큼, 안으로 들어선다

병원에서

- 장내시경

지금까지 나를 누르고 있었던 것은
아픔이 아니라 욕망의 덩어리였다
무엇에 대한 두려움보다는
잃고 싶지 않았던 삶의 집착이었다

한 통의 물을 마시고
속이 다 비워졌다고 느끼는 순간
비로소 나의 욕망을 보았다
욕망은 한 자락의 바람이었다

속이 다 비워져 비로소 가벼워졌을 때
그제야 자유로워진 나를 보았다
살아있는 심장 소리를 크게 들으며
하늘이 푸르다는 것을 비로소 맛보았다

연필을 깎으며

연필을 깎는다

살을 저며 내야 흑심이 나온다
흑심이 있어야만 쓸 수가 있다

살점들이 또르르 말린 채
핏방울처럼 떨어진다

사랑아, 살을 저며내는
내 황홀한 아픔아!

아픔

나뭇잎 하나
고개를 떨군다

저리는 허리 마디
제 분노로 거품을 무는 게 한 마리,

아픔인 게 어디
이것뿐이랴

눈이 녹아 물이 되는
거친 고통 하나

돌아보기

어제 내린 눈 위에
오늘의 눈이 내리고

어제 찍힌 발자국에
오늘 다시 새겨지는 주시점主視點

나래 치며 달린 자리마다
말없이 서서

눈사람처럼 녹아 내리는
나

새해, 일출

처음 오는 길도 아닌데
온몸을 붉게 물들인다
바라보는 사람들의
환호 소리마저 붉다

광명을 해산한 바다,
생명은 황홀하고도 뜨겁다
따뜻한 자애로움으로
하루하루를 살아갈 것을 약속한다

아, 살아온 길은
언제나 되풀이되는 부끄러움,
어둠을 불러
붉은 얼굴을 가리운다

삼겹살을 구우며

뜨거워진 불판 위에서
온몸을 웅크린다

점점 변해가는
모습,

뜨거운 열정
차갑게 식어간다

사랑하는 사람아,

사랑도 식고 나면
저렇게 까맣게 타고야 마는 것인가

순리

살아있는 나무는
자리를 옮기지 않는다
죽어서 자리를 옮기고야 마는
나무 의자여,

소리 없이 파고든 낙엽 한 잎,
가을향기 콧속에 가득한데
의자에 걸터앉은
세월 한 자락

식탁

가득하다는 것은
또 다른 넉넉함이다

보름달 빛이 쏟아진 뜰에는
찬바람마저 달빛으로 열린다

내일 아침 식탁엔
밥공기마다 가득가득

하얀 달빛이
피어나겠다

그믐

아아, 그믐이었을까
소스라치게 불던 바람 소리
가슴 헤집고 다니며
서럽게 울던

잠까지 뒤척이며
걸었던 안개 속에서
바라본 그림자의 잔영
별빛마저 시렸던 그믐,

별을 낳는
아픔이었던 날

강아지는 날개가 없다

방울 달린 목걸이를 떼어놓고 맘껏 뛰어다니던 강아지가 새 그물에 걸렸다. 몸부림을 치면 칠수록 얽히고 설킨다. 자유를 앗긴 강아지의 자유, 자유에는 언제나 구속이 있다. 마음껏 뛸 수 있는 네 개의 다리는 온전한 자유가 되지 못했다. 네 다리로 긁힌 자국이 선연하다. 새들에겐 날 수 있는 자유가 있다. 알맞은 높이로 하늘을 난다. 높게 날 수 있는 것은 새들만의 자유다. 낮게 날아 그물에 걸려드는 새들은 이미 새가 아니다. 자유를 모르는 새, 날개가 없는 강아지는 날 수가 없다. 몸부림으로 조여드는 그물 속의 강아지, 자유를 위해 피를 흘리고 있다. 날이 서서히 저물기 시작한다. 방울 달린 목걸이가 그립다.

생명 1

아침마다 창가에 쌓인
하루살이의 죽음을 본다

너무나 가벼워서
잡을 수조차 없는 주검,

한 점 가벼운 종말을 위해
하루를 치열하게 버렸던 생명이다

남아 있는 날개 하나
말없이 허공 속으로 사라진다

하루살이의 죽음 앞에서
생명의 끝을 만난다

삶이란 끝없는
꿈틀거림이란 걸

주검이 날아간
허공에서 알았다

봄날, 볕을 쬐며

이웃집 암탉이 슬금슬금 건너와 마당을 거닌다. 낟알을 주지만 부리 끝엔 두려움이 가득하다. 다음날엔 병아리 서너 마리 데리고 왔다. 새끼들 앞에서인지 겁도 없이 낟알들을 쪼아 댄다. 병아리들은 엄마 닭 날개 밑에 쪼그리고 앉아 볕을 낚아 올리고 있다. 나도 턱을 괴고 앉아 그들을 바라보며 온몸으로 볕을 감아올린다. 문득, 대학생이 되어 집을 떠난 딸애가 그립다. 이 봄날 어느 길목에 앉아 엄마의 날개를 더듬고 있을까, 햇살과 마주친 눈동자에 맺히는 눈물 같은 봄, 반짝.

3부

자꾸만 흘러서 갔다

시인은 밤마다
낯선 공간 속에 갇혀
또 하나의 밤을 만든다

이름, 빛깔

시간 속에서도

퇴색되지 않는

이름 석 자

운명처럼

빛난다

사람, 사람을 만나다

사람이 사람을 만나는 것만큼
단조로운 일도 없다

진실과 거짓에는
불명확한 수치가 없다

사람과 사람 사이엔
그저 일정한 거리가 있을 뿐

가장 튼실했던
울타리가 가장 쉽게

와르르
무너지는 시각,

사람,
사람을 또 만나다

비, 우산을 쓰다

내게로 오는 발걸음
둥그런 가슴으로 막는다

얇은 벽 하나로도
단절이 된다

빗물 스며들 듯
가슴속은 젖어 드는데

꼿꼿이 일직선으로 꽂히는 빗살
너는 늘 빗줄기다

나는 언제나처럼
둥그런 벽 속에 숨어 있다

정물화

시詩를 품은 시인은
조심스럽게 연필을 잡는다

시어詩語가 한꺼번에 사라질까
대문의 빗장을 걸어두고

서성이고
서성이다가,

시를 낳는
아픔을 거부하지 않는다

고통을 쏟아내고서야
비로소 맛보는 기쁨을 기다리는 것

시인은 밤마다
낯선 공간 속에 갇혀

또 하나의
밤을 만든다

나를 찾아서

핸드폰 뚜껑을 열면
말끔히 바라보는 나를 본다

한낮을 살아온 비굴이
또렷이 살아 오른다

눈을 감아도
다가오는 낯익은 모습,

나를 찾기 위해
매일매일 핸드폰 뚜껑을 여닫는다

만남

은빛 물속에서 활활 타는 불길을 건져 올린다
얼굴뿐만 아니라 온몸을 달구어 낸다

산화되는 순간까지도
뜨거움은 사라지지 않는다

해가 지고 차가운 달빛이 쏟아져도
불씨는 살아 꿈틀거린다

아, 애초부터 가슴은 뜨거웠구나
차마, 다가설 수 없는 불꽃이었구나

꿈

꿈을 꾸었던 시간이 있었다. 무엇이 꿈이었고 소망이었을까, 다가온 꿈은 나를 늘 옭아매었다. 때론 가슴 깊숙한 곳까지 후벼 파는 조바심과 아픔을 주었다. 그 신선한 충격은 상처를 동여매듯 나를 얼싸안았다. 쉽게 끝날 것 같지 않았던 나와의 싸움은 어느 날 놀랍게도 멈춰 주었다. 두 눈에 보이지 않았던 정지선이 퇴색되지 않고 내 곁을 지켜주었다. 하루도 잊지 않고 확인하며 길을 걸었다. 태연하게 사람을 만나 웃으며 밥을 먹었다. 날이 갈수록 견고해지는 늠름한 기둥, 흐르는 세월을 받쳐 주었다.

가슴 헛헛한 순간까지
바라보았던 너의 모습
철부지처럼 행복했던 지난날들이
바람처럼 지났어라,

늘 함께 웃어줄 사람을 찾았다
꿈은 꿈이라고 외쳤던
나의 어리석은 노래 한 소절

달빛

옆집 옥상에 널린 빨래가
달빛에 젖고 있다

뚝뚝 떨어지는 달빛의 무게가
기울어지는 밤,

작은 일에도 힘을 잃고 마는
내 어깨를 닮았다

빨래의 작은 흔들림 속에서
달빛을 가려낸다

차가운 밤을 말리고 있는
하루의 침묵

생명 2

카메라 셔터를 누르면
또 하나의 모습이 새겨진다

터지던 웃음도
흩날렸던 머리카락도
잠시 정지다

정지된 것은
순간으로 매달려 있다

셔터를 누르는 손가락 끝에
영하의 매운바람이
매달려 살아있는

또 하나의
생명

고속도로

말이
필요 없다

뚫린 길로만
살아가고 싶다

가을 산을 수줍게 오르다

산이 붉어진다
웃음을 가진 것은 아니다
그저 내 맘처럼 수줍을 뿐이다
바람에 흔들리는 몸이 여리다
흔들리면서도 의연한 갈대
한두 번 흔들려온 것이 아니다
가슴 조이는 갈망처럼
일렁여 오는 조바심처럼
오랫동안 괴롭혀 온 것들이다

산길에 내려앉은
가을 잎들, 그리고 상처 난
붉어진 욕망,
갈대숲 사이로
수줍게 산을 오른다

꽃비

벚꽃이 떨어진 자리
어느새 돋아난 새싹이
꽃잎 비처럼 내리던 날
짙은 초록의 꿈을 키운다

꽃들은 듬뿍 받은 찬사를 안고
짧은 시간 매달려 웃었다
거리는 온통 하얀 바다
물결처럼 바람이 넘실거린다

네가 가고 없는 길을 따라
분명 네게로 가고 있는데
꽃비는 하염없이 떨어지면서
발자국 없는 길을 만들어 놓았다

여행은

여행은

또 하나의

그리움으로

시간을 녹여 정제시키는 것,

마주 보아야 보인다는

대오大悟

가을 편지

지난봄부터 품었던 너를 보낸다
그리고, 나는 다시
푸른 생명으로 잉태할 것을 약속한다

한때 타올랐던
너의 사랑을 안다
노란 눈빛도 기억한다

가볍게 날아올라 눈물방울처럼 떨어지던 너,
찢어질 듯 아픈 나의 슬픔보다
너의 아픔은 더 컸으리라

사랑과 이별이 같은 무게로 다가선다
뜨겁게 태운 너를 겨우내 기억하며
나의 겨울은 따뜻할 것이다

어느새

겨울은

화창한 봄을 향하고 있다

아두

꽃잎 진 자리에
잎이 돋아나고

또 다른 시간을 위해
발을 내딛는다

고개를 추켜세우는
수많은 소리와

낯설지 않은
희망과 절망의 시간이
찰나, 아스라이 넘나든다

신기할 것도 없고
무력할 것도 없이
울고 웃으며

아, 하루는

짧고도 화려한

길고도 고달픈 여정

오늘

오늘이 어제보다 좋은 이유는
이곳에 숨 쉬는 내가 서 있기 때문이다

탄탄히 서서 하늘을 우러르고
땅을 내려다볼 수 있기 때문이다

지나쳐버린 시간보다
언제나 새로운 시간

내일을 기다리는 지점에서
맘껏 부려보는 여유로움 때문이다

마이산의 탑사

결국
굽어보기 위해서
오른다

마이산 봉우리 향해
오르는 계단은 하늘에 닿아 있다
출렁거리는 새벽,
오르고 오를수록 흔들리는 길
나무조차 키우지 못한 산에는
겨울바람에 구멍이 숭숭 뚫려가고
발길을 내리지 못하는 산새는
눈물을 떨구듯 슬픔으로
깃을 털며 날아간다

산 아래 쌓인 돌탑들
겨울 햇살에
낯붉히고 있다

두물머리에서

강물이 서로 만난다는 것은
너울지며 물결을 낳는 일,

그 물결 속에서
수많은 생명이 꿈틀거리며
오늘과 내일을 소리 없이
이어 주는 일

수면 위에 부서진 빛을 모아
말없이 서 있는 나무들,

무심한 물결들의 눈빛
거꾸로 돌아가는 시간이
시시각각으로
내 어깨를 감싸 준다

개심사에서

개심사
연못에서

얼음을
깨트렸더니

출렁, 하늘이
내려와 앉았다

자꾸만 흘러서 갔다

발길 닿는 곳마다
피어나는 자국, 그리워라
노래는 구름처럼 둥실둥실 떠가고
노을에 젖은 망초꽃이
다소곳이 침묵 중이다

아직도 맴도는
하루살이는 눈먼 환자
내일이 오는 시간을 볼 줄 모르는
나도 환자이고 싶어라

되돌릴 수 없는 날들이
한 장 한 장 떼어질 때마다
아픔일까, 슬픔일까
내일을 기다리는 까만 눈망울
노을빛 닮은 가슴이어라

조각난 시간은 흩어졌다
흘러서 좋다, 흐를 수 있어서 좋다
고여서 악취 풍기지 않아 얼마나 다행인가
시간도 노을빛으로 익어간다

궁남지의 늦가을

길 위에 머문 가을을 만난다
바람은 악기처럼
시든 연잎을 두드리는데
한 판 춤사위라도 벌이려나,
궁남지의 수면 위
가득가득 물결을 일군다

눈물처럼 뚝, 낙엽이 진다
긴 시간 참았던 가지에서
잎들이 우수수 떨어진다
수양버들 가지가 앙상하다
지나간 것들을 다
잊어버리려는 것일게다, 아마

발길 떨어지지 않는
길을 또 걷는다

겨울로 가는 길은
언제나 낯설고도 멀다

포도를 먹으며

다정도 하여라

긴 여름 다 가도록
서로서로 떨어질세라
얼굴을 부비며 살았구나

튼실한 집안이다

땀방울 빛깔
달콤한 열매
보랏빛 사랑이어라

이별
- 부모님 산소에서

웃고 싶다
하면서 울어 버릴 바엔

그림자조차
나무 뒤에 숨어버려야지

이럴 바엔
차라리 눈물이어야지

나무가 쓰러지고
그림자를 지울 때까지

목이 터지도록
눈물로 쓰러져 버려야지

노숙자

길은
없었다

숨 고르기에 적합한 높이와
심장 뛰기에 알맞은 넓이로
메마른 미소만 건네받았다

설마, 내가 처음부터
이곳에 있었던 것은 아닐지 몰라
내가 태어나고 밥을 먹고 잠을 자던 곳은
양지바르고 창문 넓은 집이었는지도 몰라

길은
없는 것이 아니라
보이지 않는 것

삶은
두 눈 크게 뜬 장님,

쿨럭이는 찬바람에
처음으로 깨달아본다

문의 힘

건물 속엔 문들로 즐비하다
안이 보이지 않는다는 것으로
명백히 선을 긋는다

문 안팎의 세상은
안과 밖의 엄연한 경계로
모양새를 바꾼다

함부로 열쇠를 끼울 순 없다
똑! 똑! 똑!
다만, 시간으로 문을 연다

햇살에 눈이 번뜩인다
밀어 당길 수 없는 문의 무게,
문들이 점점 세상을 보기 시작한다

고향에서

- 의령, 곽재우를 만나다

여름 햇살과 함께 걸어보는 고향 땅은 낯설다. 흐르는 땀이 더위 탓만은 아니다. 자꾸만 얼굴이 활활 달아오른다. 큰길보다는 작은길을 택해 걷는다.

의연할 수 있을까, 펴보는 허리.

일시에 우두둑 소리를 내며 뼈마디가 곤두선다. 발 아래 움츠렸던 달팽이들이 서서히 움직이기 시작하자 면 산의 숨결이 느껴진다. 바람 속에서 잠시 흔들리는 나의 몸을 가늠해 본다.

남강의 물줄기가 몸 안으로 밀려온다, 모래알 같은 언어들이 쌓여 오른다. 뜨거운 열기가 치솟는다. 입김이 뿜어져 나오면서 입술이 말라간다. 얼굴은 어느새 노을 속에 깃들어 활활 불붙고 있다. 햇살이 가늘게 부서져 내린다. 부서진 햇살 안으로 할아버지를 닮은 몸집이 큰 한 사람이 저벅저벅 걸어오고 있다.

침묵

침묵만이 득도의 길이던가
겨울 산사엔
침묵만이 흐르고 있다

침묵은
말하지 않는 것이 아니라
말을 삼키는 것임을 알았다

솔잎 흔들리는 소리가
쌓인 눈 속으로
점점 녹아들고 있다

첫눈

가슴 떨리는
일이 많아진다

동짓달에 폭설이 내리고
눈떼 속에 웃고 있는 꽃을 보아도

가슴이 떨린다

한파와 폭설로 뒤범벅이 된
첫눈 오는 날,

눈은 자꾸만 쌓여가고
툭툭, 고드름 떨어지는데

가라앉지 못하고 점점점 조여드는
이 겨울의 가슴과 목

삼월에

너를 세워 놓았지
하마터면 쓰러질 뻔했던
너를 바로 세워 놓았지

더 이상
움츠림 없기를
이제는 서러운 눈물 없기를

서 있는
바로 그 자리
마주하던 눈빛을 꽂아야 해

단단히 버티고 서서
마른 땅이라도
곧은 뿌리를 내려야 해

고백
– 금동미륵보살반가사유상

처음 본 순간
한눈에 반했다

용광로보다
더 뜨거워진 가슴

마침내 토해낸
첫 고백

삼월의 바람

움츠린 어깨 위에
내려앉은 따사로움마저
낯설어지는 오후

봄은
아직 멀다

기쁨으로 달려오던
발걸음이 멈칫
바람 속으로 사라져 갔다

작별의 인사는
길고도 차갑다

아직 돌아오지 못한
어린잎들이 먼발치에서
서성이고 있다

무령왕릉

아직 잠들지 못하셨나요
나라 안의 풀과 나무와 산과 언덕
골짜기로 흘러내리는 물줄기
모두 다 외면할 수 없는 것이었나요
듣지 않으려 해도 들려오는 함성을
막을 수는 없었겠지요
차마 두 눈을 감을 수 없어
지상에 모습을 드러내고는
마침내, 곰나루
왕솔밭을 지나는 솔바람 소리
첨벙첨벙 물을 건너는 곰 발자국 소리
한꺼번에 듣고 또 듣다가
아직도 잠들지 못하셨나요
지금까지 살아 있었던 것이었나요

해후

산자락이 고즈넉이 내려와
소나무 위에 앉았다

먼 산 바라보기는
어제오늘의 일이 아닌데

허공에 떠도는 수많은 언어가
제 자리를 맴돌고 또 맴돈다

잔디밭 속에 숨어 핀 시계풀꽃
시간 속으로, 반짝이는 슬픔만 던지는데

아무리 꾹꾹 밟아도
잔디는 여전히 살아 꿈틀거리고

세월이 이만큼 지났으면
이쯤에서 잊혀 질만도 하건만

빛깔 잃지 못하는 소나무처럼
늘 푸르른 웃음 가득 나를 만난다

추사고택에서

은행잎이 떨어지고 있다
미처 다 헤아리지 못한
마지막 인사를 할 모양이다

줄 것 다 주고
버릴 것 버린 빈 뜰,
나무들도 옷을 벗기 시작한다

물러서는 발걸음과 달리
다가오는 계절은
너무나 자신만만하다

찾는 이 없는 한적한 뜨락엔
추사의 묵향만이 그림자를 드리우며
저녁 해를 보듬는다

사랑채 댓돌 앞의 석주石柱에 멈춰 섰다

그림자를 이용하여 시간을 측정했다는 해시계,
'石年'을 보며 추사의 지혜를 염탐한다

깊은 침묵과 마른기침이
청정한 소나무잎에 떨어진다

소나무잎은 날쌘 말꼬리 같은 붓이 되어
광야를 치닫고 스쳐 간 언저리마다
추사의 위업을 노래한다

꼿꼿이 좌정하신
추사의 모습 닮은 백송의 그늘 밑에서
옷매무새 고쳐 잡고 고개 숙인다

멀리서 화순옹주의 울부짖음이
메아리 되어 가슴에 부딪히는데
귀가 중인 새들도 한 줌, 눈물 떨군다

굼벵이

숨을 쉬고 있음이
부끄럽다고 느낀 때가 있었다

눈을 뜨고 밝은 세상을 보고 있음이
과분하다고 생각할 때가 있었다

세상은 찬란한데 나만이
누추하게 여겨질 때가 있었다

하늘을 바라보는 소망의 빛이 번뜩일 때
땅속 어둠에서 눈물을 마신 때가 있었다

세상에 나오면 강물은 흐르고 흘러가고
울음으로 잃어버린 영혼을 찾아 나서고

잔인하게 뜨거운 햇살에 온몸을 태우고 나면
다시 땅속, 한 줌의 어둠이 된다

수첩

해가 바뀔 때마다
새롭게 바뀌는 수첩

거기, 살아온 순간들이
팔만대장경 판각만큼
빼곡하다

햇살 품은 해인사
대웅전의 육중한 문,
그 무게만큼

짓눌린 채 열리는
삶의 흔적들

기도
- 해미읍성 회화나무

슬픔이라고 말하기엔
마음이 아픕니다

아픔이라고 말해버리기엔
상처가 너무 깊습니다

석류알처럼 터지는
눈물방울들,

발자국마다
무릎을 꿇게 하고

고개 숙인
가슴마다 기도이게 합니다

보석사, 빛나다

금빛보다 더 빛나는
천년의 은행나무

가을이면 황금빛으로
온 산을 물들이고

세월도 비껴가듯
당당한 모습

우람한 자태에
고개 절로 떨구는데

대웅전 뜨락에
살짝, 고개 내민 노란 소국

그래,
너마저 금빛이로구나

일락사에 가면

충남 서산시 해미읍 상왕산 기슭에
일락사란 절이 바위처럼 앉아 있다

크지도 작지도 않은 절엔
사시사철 부처님의 자비가
고요를 닦고 있다
고양이 이마 같은 마당에는
은행나무가 석불처럼 서서
대웅전에 그늘을 내리고
미처 녹아내리지 못한 잔설을 털어
불탑의 지붕을 덮는다

추위에 떨고 있는 배롱나무가
몸을 비튼 채 서 있다
산새 한 마리 앉았다 날아갈 때마다
흔들리는 배롱나무

법당에는 아무도 없고
겨울꽃 같은 단청의 현란한 빛이
부처님 앞에
짙은 향을 피워 올리고 있다

상여, 소리
- 공주 우성면 봉현리

뭉게구름 몇 조각
하늘에 떠 있다, 떠 있다는 것은
언제나 밀려나는 것,
밀려나고 있는 것이 구름임을 알았다

사는 것이 이렇게
세상의 어디쯤 둥둥 떠 있다가
세상의 어디쯤에서 홀로
그렇게 밀려나는 것이다

살아 있는 골골에서
상여소리 울려온다
한목소리로 이어지는 달공소리,

- 나는 죽어서도 밀려난 것일까?
- 나는 죽어서도 금침衾枕을 부러워할까?

구름 몇 채 짐이 되는가 싶더니
내 몸은 어느새 상여소리를 베어 물고 있다
구름처럼 밀려나고 있다

백마강

백마강 물살이
빨랐다 느렸다 하며 흐른다
걸음걸이가 자꾸만 물살을 닮아간다

계백의 외침과
성충의 눈물이
높아졌다가 낮아지곤 한다

소나무 잔가지에 어둠이 걸리고
어둠 속의 길은 낯선 바람으로 맴도는데
갑자기 사람들의 목소리가 그리워진다

가는 곳마다 즐비한 어둠의 발자국들
아직도 밝혀질 일이 많은 흔적 속에서
잠시 눈을 밝히고자 하늘을 보는데

저 멀리 백제 대교를 건너는
자동차의 불빛들이
연이어 하늘로 치솟는다

자판기 앞에서

한 잔 커피를 얻기 위해
동전의 무게로 입을 연다

머릿속은 늘 끓고 있다
끓는 만큼 넘쳐나는 욕망

열정의 시간은 언제나
뜨겁다

산봉우리 사이로
는개가 가득하다

4부

시간을 깁다

시계의 초침 소리를 들으며
발길을 재촉하는데
자꾸만 뒤돌아보는 발걸음이
시간을 깁는다

어머니와 모시 적삼
- 돌아가신 어머니를 그리며

고우면서도 성글성글한 것이
어머니를 닮았다

말씀은 없지만 서글서글한 다정함,
어머니는 여름이면 모시 적삼을 꺼내어 다림질을 하셨다

주름 세운 적삼은
한 집안의 종부였던 어머니의 생을 말해주듯

언제나 구김 없는 모습으로
세상의 바람들을 소리 없이 안았다

웃음소리마저 숨죽였던 어머니의 기품처럼
하얗게 빛나는 모시의 자태

적삼 골골이 드나드는 바람결처럼
마음속에 살아있는 어머니의 모습

꽃에게

잘 찾아왔다
길 잃지 않고

메마른 고통
잘 참고 살아왔다

예쁜 꽃잎들
피면서 울었구나

꽃잎마다 가득한
아침이슬

사람들

하늘을 막을
지붕을 만들고도
사람들은 자꾸만 하늘을 본다

바람을 피할
벽을 두툼하게 쌓고도
바람을 쐬러 나다니는 사람들

집안에
갇혔다가
나오면 다시 하늘

사람들은
매일 집 밖에서
하늘에 갇힌 줄도 모른다

나비의 꿈

자유로움이야,
그래, 날아가는 거야
끝은 없어도 될 것 같아
여린 빛깔 고운 꽃잎 있다면
살랑대는 실바람만 있다면

고운 선율을 따라
두 날개를 펴고
자유롭게 날아가는 거야

행복이야,
저 산 너머
말없이 걸린 무지개처럼
웃음이 돋아날 수 있다면
날개를 가질 수 있다면

꽃잎 떨어져도

바람에 쓰러지더라도

두 날개를 힘껏 펴보는 거야

햇살 닮은

꿈, 내 꿈

꽃, 피고 지고

작은 소리에도
귀 기울여본다

손짓 하나에도
마음 앗기는

봄날의
애틋함이여,

꽃 피면서
울어대는 것은

꽃 지면서도
눈물인 것을

작은 이슬에도
온 가슴이 젖는다

생각

수줍게 떠오르는 아침 해를 오늘도 반긴다. 부드럽게 안겨드는 빛, 하루를 빚어본다. 지나간 시간이 자꾸만 삐져나온다. 그리운 얼굴들이 만든 틈, 곱게 기워내지 못하는 것은 생각을 비우지 못하는 것, 곧 맞이할 해넘이를 정면으로 바라볼 수 없다. 내 영혼이 자꾸만 야위어 간다.

생각의 공간은
늘 허공이다
잡힐 듯 잡히지 않는
신기루다

고구마 껍질에게 고함

뜨거운 고구마를
감싸고 있는 껍질을 보았어

참고 견뎌온
무수한 생채기들
부르짖을수록
굵어지는
몸부림의 침묵

감싸고 있는 껍질
그 깊은 무의미를 보았어

갈등葛藤

강물 속에서
햇살을 줍는다

언뜻언뜻 보이는 빛나는 손놀림
옷자락은 은빛으로 수놓은 비단

햇살이 쏟아붓는 저 황홀한 입맞춤
강물도 햇살의 온몸을 휘감고 있다

사랑하는 사람아,

빙글빙글 내 품에서 돌고 있는 이 세상
시간조차 이리저리 너와 함께 흐르고 있다

파도

소리에도
맛이 있을까

귀를 열고
소리를 들어 봐

짭짤하고
알싸한 소리

넓은 세상
수많은 사람 사이

자꾸만 달려가는
저 물결 소리의 맛

선인장

날을
세운다

가시와
가시 사이

불꽃처럼
빨갛게

치솟는
사랑

꽃, 한 송이
피다

나의 우주宇宙

하루에 한 시간씩 동네 한 바퀴 걷기로 한다. 걷는 동안 아무 생각도 하지 않기로 한다. 바람이 불어도, 새가 날아도 간혹 자동차가 지나쳐도 앞만 보기로 한다. 발끝에 차이는 작은 돌멩이의 부딪히는 소리조차 듣지 않기로 한다. 내 안에서 요동치는 수십 갈래의 고뇌조차 그저 꾹꾹 밟기로 한다. 눈앞에 보이는 예쁜 꽃들의 유혹마저 외면하기로 한다. 마주치는 사람들에게 곁눈질조차 안 하기로 한다.

이렇게 눈물 나게 애쓰지 않아도 시간이 지나면 간혹 지워지고, 때론 잊게 되고 더러는 사라지고 그러다가 끝내 멈추어질 것을 안다. 뼈저리게 잘 안다. 혼자서 영글어 가는 산속의 머루처럼 까맣게 익어갈 것도 안다. 이렇게 가여운 생각마저도 걸으면서 세우고, 다독이며 만들어가는 나의 작은 우주인 것도 안다.

단풍이여

그리움처럼
밀려드는 소리
된바람인 듯
발자국마다 스며들어
번지는 한기寒氣
깊이조차 가늠 안 되는
서러운 사랑이여
저리도 곱디고운 빛깔로
하늘빛을 휘어잡고
품어내는 열기를
다독이기를 몇 번
숨죽이지 못하는
단풍이여!

겨울 뜰에 서다

추워서 다행이에요
이렇게 따스한 불빛 아래
함께 서 있잖아요

찬바람이 불어 더욱 좋아요
텅 빈 들녘에
홀로 서 있지 않아도 되잖아요

숨결까지 들려요
하얗게 내뿜는 입김마저
감미로운 안개처럼 피어올라요

천사들의 미소로
가득 찬 한겨울의 깊은 뜰
동백꽃이 몽실몽실 피어나고 있어요

수줍은 빛깔, 빨강
간혹 뜨겁게 솟구치기도 하네요
모두가 타오르네요

그대여,
겨울 뜰에
서 보세요

발바닥까지 타오르는
뜨거운 기운을 느낄 거예요
심장이 타는 소리도 들을 수 있어요

겨울 뜰에 서서 꿈을 꾸어요
오지 못할 사람까지도
기다려 보세요

징검다리

나란히 누워있는 오 남매의 다리 사이를 경중경중 넘어가는 막내의 서투른 걸음걸이에 웃음이 가득하다. 넘어지고 넘어지며 무릎이 깨지는 아픔 속에서도 터지는 웃음, 다리는 건너야 할 장애물처럼 버티고 있지만 부드러운 선線으로 서 있다. 경계와 단절의 표시처럼 보이지만 자세히 살펴보면 오직 정情으로만 튼튼하게 엮었음을 알 수 있다. 징검다리 사이사이로 흐르는 물줄기가 막힘이 없었음을 철든 후에 알았다. 쉬지 않고 세차게 흘러내리는 물줄기를 서로가 부드럽게 잡아주었음을 부모님 여의고서야 알았다.

눈 오는 날

눈을 뜨고도
꿈을 꾼다

꿈같은
세상에서

눈부신 이 나라의
백성이 되어

염치없이 찬란하게
빛나고 있다

살아간다는 것

바람은 말없이
구름을 모은다

빗물 사이로
스며드는 어둠,

사람들은 우주를 닮은
우산을 펼친다

고요와 침묵 사이로
흐르는 공간

웃음과 울음이
공존하는 곳

열정과 냉정은
같은 무게로 힘겨루기를 하고

뜨겁게 치열했고
사랑스럽게 간절했다

빗줄기는 잽싼 걸음으로
문을 나서고

나는 다시
시간을 부여잡고

새해 아침

절망이라 쓰고 희망이라 읽는다는 것, 이 말처럼 사람들의 마음을 휘몰아치게 하는 것은 없다. 절망은 끝자락에 매달려 있고 희망은 앞에서 빛나고 있는데 어찌 같은 맥락에서 읽고 쓴다는 것인가, 섣달그믐날의 비애는 새해 첫날의 희망을 알지 못한다. 바닷속에서 붉은 해가 올라오기 전엔 절대로 그 빛나는 소망의 빛을 모른다. 사람들은 그 빛을 직접 눈으로 보기 위해 산꼭대기나 바다로 모여든다. 절망의 비애를 씻어내고 희망의 힘을 받기 위해 삼을 설치고 새벽의 시산을 가른다. 새로운 것에 관심을 가지고 마음을 주는 것은 당연한 일, 바다가 붉게 물들어가는 해를 보며 사람들은 뜨거운 마음을 부둥켜안고 희망의 메시지를 주고받는다. 이제 절망은 없을 것이며 슬픔으로 눈물 닦는 일은 없을 것이다. 섣달그믐날의 안타까운 절망은 일기장 한 줄로 매듭을 짓고 감히 큰소리로 희망이라 읽어보는 새해 아침.

바람, 불다

흩어진 공기를 모아
곧추세운 몸이
단풍잎 한 장의 무게로
쓰러진다

휘어지지 않고서는
타협할 수 없고
어깨에 내려앉은
힘을 빼지 않고서는
결코 마주할 수 없는,

바람이 던져주는
차가운 시선이
한 장 남은 달력에
말없이 꽂힌다.

삼월의 두려움

삼월, 섬진강으로 가면 봄을 만날 수 있으려나 선걸음으로 길을 나섰다. 마음만 앞선 것이었을까, 아직 눈뜨지 못한 꽃망울, 차가운 바람 한 줄기 강섶에서 자리를 뜨지 못하고 서성인다. 아지랑이는 피어올랐을까, 먼 산을 바라보아도 기척이 없다. 온 힘을 다해 움트고 있는 매화나무의 신음을 듣는다. 봉긋하게 내민 입술이 빨갛다. 사시나무 떨듯 움츠린 화살나무 가지도 실눈을 뜨고 하늘을 본다. 언제쯤 따사로운 햇살을 받을 수 있으려나, 언제쯤이면 활짝 웃으며 어깨를 펴려나, 봉오리 열지 못하는 꽃망울처럼 나도 두려워지기 시작한다. 삼월에 눈이라도 쏟아져 꽃잎조차 피워내지 못하는 내일이 올까 봐 겁이 난다. 산다는 것이 때로는 두려움이다. 때맞춰 꽃이 피지 않아도, 바람이 불지 않고 햇살이 돋지 않아도, 새가 날지 않고 구름이 몰려와도 겁이 난다. 유난스레 봄이 더디 오는 삼월엔 더 깊은 두려움으로 강바람을 만져볼 뿐이다.

내 안의 것들과 싸운다는 것

  손가락 살 속으로 가시가 들어왔다. 무단침입이다.
까만 눈동자에 일침을 가한다. 그래도 쉽게 나가지 않
는다. 마주치지 않으려는 필사의 몸짓, 아픔이 따른
다. 급기야는 피도 흐른다. 손가락은 이미 환자다. 환
자의 몸에 기생하는 균의 생명은 뜨겁고도 씩씩하다.
용기가 있지만 때로는 안하무인이다. 비집고 들어오
면 끝이다. 자리 잡고 드러누우면 속수무책이다. 수단
과 방법을 가리지 않고 몰아내는 것밖엔 방법이 없다.
내 안의 것들과 싸운다는 것은 늘 고통이다. 오늘도
생각은 현실과 타협하지 못하고 쩔쩔맨다.

시의 맛

찰떡처럼 시가
찰찰 감긴다

맛나다

시에도
맛이 있다는 걸

조미료를 넣지 않아도
맛이 난다는 것을

우체통에 시집이
가득 꽂힌 날,

진수성찬을 받고서야
비로소 알았다

산수유

인기척에

화들짝 놀랐어요

그대였군요

먼 길 달려오셨네요

상기된 얼굴빛,

이젠 편히 웃으세요

손금

손바닥을 본다
잔금들이 즐비하다

살아온 생채기처럼
어지럽다

하루에도 수십 번씩 손을 비벼대지만
눈여겨보질 못했다

무심함이 원망이 되었을까,
골골이 자국이 되어 패였다

빤히 올려다보는
어지러운 선線과

작고도 희미한 선線에게까지
힘찬 위로를 건넨다

신호등

뻘겋게 눈을 뜨고 쳐다보면
다가설 수가 없어
두려움마저 밀려와
순간, 멈칫! 할 수밖에

마음을 내려놓고
눈빛을 바꿔 봐
좀 더 부드럽게
싱그러운 초록빛이면 더욱 좋겠어

마곡사 계곡에서

소리를 낼 수 없다는 것은
생각이 범람한다는 것이다

생각이 많다는 것은 고요하다는 것
또한 스스로 나를 가두는 일,
유월의 마곡사 계곡엔 소리가 없다

산속의 계곡이 뭐 그리 소란스러울까마는
세상 등졌는데 뭐 그리 고뇌일까마는
올려다본 하늘에 구름이 멈춰 섰다

위로의 인사처럼 내리쬐는 햇살,
계곡은 반짝, 눈인사를 건네지만
여전히 말이 없다

어설픈 소리조차 내지 못하고
안으로만 삭히는
내 시詩를 닮았다

허수아비

이젠 거짓으로 살고 싶지 않아요
나의 거짓 몸짓도 새들이 다 알아 버렸어요
남루한 옷자락은 한 줄기 바람에도 마음을 내어주고
말았어요
아무것도 내 것이 될 수 없는 이 들녘에
저녁노을만이 나를 다독이네요

괜찮다 괜찮아,
때가 되면 다 사라질 거야

낮달

밤사이 헤매다가
새벽녘에야 그대를 만났지 뭐예요
그대도 나처럼 밤새 뒤척였나봐요
낮빛이 창백해요
무리하지 말아요
어두울 땐 그냥
깊은 잠 속에 빠져요
어둠은 곧 사라져요
자신을 위해 빛을 내려고
애쓰지 말아요
스스로 빛났을 때
더 아름다워요.

매화

성급하게 터뜨린 꽃망울,
반갑다

때를 몰라 허둥대는 모습도
아름답다

어설픈 웃음조차 더욱
사랑스럽다

컴퓨터

버튼 하나로
속을 내보이는 투명한 마음이여,

가진 것 다 내어주고도 늘 넘치는 곳간
모든 사람이 기웃거려도 문을 채우는 일이 없다

들어 오시오!
뭐든지 다 가져가시오!

이처럼 부유한 이를 본 적이 없고
이처럼 세상 무서운 줄 모르는 이를 만난 일이 없다

이곳은 사람들이 들끓는 왕국이요
전쟁 없는 천국임엔 틀림없다

의자의 변명

푸르던 기억

뜨거움으로 몸부림친 적 있었다

영원한 것은 없지만

매일 밤 같은 꿈을 길게 꾸었다

시간을 부여잡고

무수한 바람과 싸우며

때론, 빈 몸을 세워보며

먼 산 나무들을 우러러보며

아침 인사

어젯밤 살짝 다녀간 빗줄기에
새들은 젖은 다리로 깃을 턴다
발등에 내려앉은 물방울 하나
살짝 내민 햇살에 반짝, 눈웃음이다

아침은 나무와 풀에게 두 손을 모은다
오랫동안 소식 없는 너에게도 안녕을 빈다
점점 붉어져 오는 산자락,
내 몸도 점점 뜨거워진다

2020, 봄날에
- 신종 코로나19 바이러스

    새로운 것은 낯설고 두렵다. 시계의 바늘이 갑자기 이탈하는 일, 흐르던 물줄기가 멈추고 봉긋했던 꽃망울이 까맣게 타버리는 일, 길이 흔들리고 자동차가 비틀거리며 질주하는 일, 마음이 산산이 부서져 흩어지는 일, 내 안으로 들어오는 공기마저 거부하는 일, 사람이 사람을 마주 볼 수 없는 일, 주춤거리며 힘겹게 비집고 들어온 봄을 희망이라 마냥 부를 수도 없는데, 그런데, 그런데 말이야, 꽃들은 여기저기 다투어 피어나고 하늘은 야속하게도 눈부시다. 금방이라도 파란 물이 뚝뚝 떨어져 온 세상을 깨끗하게 물들이면 좋겠다는 소망, 외로운 봄날에 이 소망 하나쯤 걸어놓고 싶다.

가을 소묘

떨어지는
단풍잎,

돌돌돌 휘감아 두른 채
길 위에 눕고

스치듯 지나가는
사람들의 발자국

가을은
낙엽 위에 불을 지핀다.

동백, 꽃

동백이
꽃으로 피었다

꽃이 되기 전엔
희망이라 알아채지 못했고
온몸으로 떨어지기 전엔
절망이라 느끼지 못했다

희망은
절망 속에서 피어나고 있다

고택

한옥 대청마루에서
돌아가신 어머니를 만난다

곱디고운 세모시 입으시고
따스하게 웃어주던

어머니,

하얀 고무신
눈물처럼 반짝이는데

어느새 내 곁에 앉아
함께 눈물짓는 이슬비

시간을 깁다

땅속에 머리를 박고
컹컹거리는 진돗개를 본다

제 무덤을 파는 것인지
이미 삭정이가 되어버린 다른 동물을 본 것인지
아니면 잎도 피지 못하고 썩어버린 민들레의 뿌리를
본 것일까,
아, 어쩌면 어젯밤 비추다 남은 희미한 달빛을 보았
는지 모른다

시계의 초침 소리를 들으며
발길을 재촉하는데
자꾸만 뒤돌아보는 발걸음이
시간을 깁는다

수국

고향 집 담벼락을
하얗게 덮었던 수국,
어린아이가 무슨 생각으로
꽃 이름에 취했을까

수국의 꽃 이름이
오랫동안 가슴에 도장처럼 찍혀
오십 년이 넘도록 잊지 못하고
고향 집 뜰을 맴돌고 있다

새해 단상

나무의 실금 사이로 보이는
하늘빛이 곱다

줄지어 날아가는
새들이 궁금해지는 아침

바람은
거리에 옹기종기 모여들고

사람들은 저마다
따뜻한 소망 하나씩 품는다

어제인 듯
다가서는 오늘

오늘인 듯
다시 맞이할 내일

꽃비

꽃이 진다고
서러워 말자

꽃잎 떨어진 자리에
잎이 돋는다

아낌없이 주는 선물
그저 고마울 뿐

바람 따라 흩날리는
꽃잎, 꽃잎들

호박꽃

언제쯤 자신을 드러낼까
수줍은 것도 아닌데
자꾸만 숨어든다

꽃이 될 수 없는
꽃,

이름값 치르느라
한바탕 제대로 웃어보지도 못하고
한평생 살았다

대화

노부부가
밭에서 일을 하신다

- 같은 밭인디~
등 굽은 할머니 파를 솎아낸다

- 자슥들두 그렇잖여?
묵묵히 괭이질을 하는 할아버지

- 막내딸 집에 온다네유!
한 움큼 다듬은 파를 소쿠리에 담는다

바람 한 줄기
말없이 지나간다

두부

형체를 잃어가는 것이
아픈 일만은 아니다

눌리고 비틀어지는 고통이
슬픔만도 아니다

새로운 이름으로
반듯하게 태어나

다시금 맛보는
또 하나의 기쁨

세월

세월이란 글자를 놓고
시간이라 읽는다

시간을 쪼개어 보니
날줄과 씨줄로 엮어진 순간들,

꽃이 피고 지고
겨울이 가고 봄이 오듯

아침을 빚고
저녁을 잠재운 세월은

오늘도 자기만의 무게로
시간을 엮는다

엄마 생각

어시장에서 팔딱이는
대구를 본다

팔뚝보다 더 큼직한
낯익은 생선

문득 떠오르는
엄마의 얼굴

'나는 생선 중에서 대구가 제일 맛있더라'

파도처럼 밀려드는
엄마의 목소리

들릴 듯
말듯

바다 냄새에
번지는 엄마의 미소

보일 듯
말듯

말동무

길모퉁이에 늘
앉아계시는 할머니

힐끔 바라보곤 그냥 지나칠 뿐,
선뜻 다가서지 못했다

양지바른 자리에 앉아 빛살을 세며
시간을 지워가는 할머니,

두세 발짝 다가서는데
꽤 오랜 시간이 걸렸다

– 햇볕이 따스하죠?
흠칫 놀라며 고개를 끄덕인다

낯선 사람의 인사가
버겁긴 마찬가지

내민 할머니의 작은 손안에
빠알간 곶감 하나

울컥,
눈물 흘릴 뻔했다

우산

우주가
펼쳐졌다

줄지어 선
빗살들이
한꺼번에
우우우 일어선다

솟구치는 욕망
가슴으로는 다 받을 수 없어
그저 빗줄기로
흘려보낼 뿐

찻집

골목골목
어귀마다
찻집이다

만날 사람이 많다는 건 넘치는 사랑일까!
차를 마시는 일이 많다는 것은
고뇌 속에 빠진 나를 건지는 일일까, 어쩌면
쓸쓸한 너의 빈 자리를 채우는 것인지도 모른다

시계

한순간도

멈추지 않고

묵묵히 일하는

너의 노고에

경의를 표한다

스카치테이프의 사랑

한번 붙으면
떨어질 줄 몰라

귀퉁이 돌돌 말려
흉한 모습 드러나고

진이 다 풀려
끈적끈적 보채도

떨어질 줄 몰라

비

바람은
구름을 모아
비를 뿌린다

비는
싹을 돋우고
꽃망울을 터트린다

꽃 속에서
웃고 있는
형형색색의 우산들

펼쳐진 작은
우주에서
또 다른 세상을 본다

선인장꽃

살아온 날 여며보면
자꾸만 눈물자국으로만 번진다

살아갈 날 슬며시 훔쳐보면
세상엔 온통 떨림의 소리뿐,

쉬지 않고 흐르는 눈물 강 같은 여정에
사막의 햇살 보듬어 꽃을 피웠다

푸른 하늘을 연모한
따사로운 꽃 한 송이

다이어리

빈틈없이
빼곡하다

빨간색 숫자에도
글씨들이 매달려 있다

매일매일 숨차게
곡예를 하고

어쩌다 텅 빈 칸에
대자로 누워 본다

선유도에 가다

추억을 사러 왔어요
값은 절대 흥정하지 않을게요

덤도 바라지 않아요
그냥 기분 좋게 팔아 주세요

혹시라도 덤이 있다면
웃음 한 줌만 주세요

대신 노을빛 한줄기 추억은
살짝 놓고 갈게요

낙엽

떨어지는 것은 무섭지 않아
다만 밟혀 부서질까 두려운 거지

외면당하는 것은 견딜만해
하지만 네 기억 속에
지워지는 것은 무서운 일이지

봄이 오면 잎은 다시 돋아나겠지만
이 가을의 낙엽은 아니겠지

나이가 들면 두려움이 많아져
든든한 버팀목을 찾게 되고
기댈 어깨를 찾아 기웃거리게 되지

다시금 낙엽 한 장
책갈피에 꽂는다

5부

영역시

꽃 피면서
울어대는 것은

꽃 지면서도
눈물인 것을

작은 이슬에도
온 가슴이 젖는다

채송화

하마터면

밟을
뻔했다

밟고도
모를 뻔했다

빤히 웃고 있는
모습

하마터면

못 볼
뻔했다

Rose Mosse

Almost

I almost setpped on it

I almost didn't even know
I setpped on it

The sight of you
smiling brightly

Almost

I almost didn't see it

사과나무

때마다 철마다
여우짓이다

웃음도
울음도 때론

사랑스럽다

가진 것 없다고
두 팔을 흔들어 대지만

알고 보면
속마다 가득한 의미

넘쳐나는 건
이미 깊은 가을이다

Apple tree

Every time, every season
It does fox things

Laughing
and crying are

Sometimes lovely

It waves its arms
And says it has nothing,

But if you know it,
It's full of meaning inside

It is already deep autumn
That is overflowing

꽃에게

잘 찾아왔다
길 잃지 않고

메마른 고통
잘 참고 살아왔다

예쁜 꽃잎들
피면서 울었구나

꽃잎마다 가득한
아침이슬

To flowers

It's good that you've found a way
Without getting lost

You've lived through the dry pains,
Well with patients

Pretty petals
You've cried while blooming

Per petal saturated
Morning dew.

고구마 껍질에게 고함

뜨거운 고구마를
감싸고 있는 껍질을 보았어
참고 견뎌온
무수한 생채기들
부르짖을수록
굵어지는
몸부림의 침묵

감싸고 있는 껍질
그 깊은 무의미를 보았어

Shout out to the sweet potato skin

Hot sweet potatoes

I saw the shell surrounding it

It has endured

Countless scratches

The more you cry

Getting thicker

Silence of struggle

Shell that surrounds

I saw the deep meaninglessness

꽃, 피고 지고

작은 소리에도
귀 기울여본다

손짓 하나에도
마음 앗기는

봄날의
애틋함이여,

꽃 피면서
울어대는 것은

꽃 지면서도
눈물인 것을

작은 이슬에도
온 가슴이 젖는다

Flower, born to bloom, fated to fall

Even in small sounds
I listen carefully

Even with a single gesture
Mind-blowing

Spring day
Dear heart,

As flowers bloom
Crying is

Even as the flowers fade
It's tears

Even with a little dew
My whole heart gets wet

선인장

날을
세운다

가시와
가시 사이

불꽃처럼
빨갛게

치솟는
사랑

꽃, 한 송이
피다

Cactus

Blade
Set

Thorns and
Between thorns

Like a flame
Red

Soaring
Love

A flower
Blooms

단풍이여

그리움처럼
밀려드는 소리
된바람인 듯
발자국마다 스며들어
번지는 한기寒氣
깊이조차 가늠 안 되는
서러운 사랑이여
저리도 곱디고운 빛깔로
하늘빛을 휘어잡고
품어내는 열기를
다독이기를 몇 번
숨죽이지 못하는
단풍이여!

Autumn leaves

Like longing

Sound It's rushing in

It's like the hard wind

Seep into every footstep

Spreading cold air

That can't even measure the depth

It's a sad love

With such a pretty color

It catches the light of the sky

the heat it engenders

How many times to exhaust the heat

Unable to stop breathing

Autumn leaves!

가을 편지

지난봄부터 품었던 너를 보낸다
그리고 나는 다시
푸른 생명으로 잉태할 것을 약속한다

한때 타올랐던 사랑을 나는 안다
노란 눈빛도 기억한다

가볍게 날아올라 눈물방울처럼 떨어지던 너,
찢어질 듯 깊은 나의 슬픔보다
너의 아픔은 더 컸으리라

사랑과 이별이 같은 무게로 다가선다
뜨겁게 태운 너를 겨우내 기억하며
나의 겨울은 따뜻할 것이다

겨울은 어느새
화창한 봄날을 향한다.

Autumn letter

I am sending you away which I've had you
since last spring
And I promise
To conceive with a green life again

I know your love was once in flame
And I remember your brown eyes

It flew lightly and fell like teardrops
My sadness is deeply torn
But I guess your pain is greater

Love and parting approaches with the same
weight

While remembering your hot burning body
through out the winter
I will have a hot winter

Suddenly winter is moving towards to bright
spring.

갈등

강물 속에서 햇살을 줍는다

언뜻언뜻 보이는 빛나는 손놀림
옷자락은 은빛으로 수놓은 비단

햇살이 쏟아붓는 저 황홀한 입맞춤
강물이 햇살의 온몸을 휘감고 있다

사랑하는 사람아,

빙글빙글 내 품에서 돌고 있는 이 세상
시간조차 이리저리

너와 함께 흐르고 있다.

Conflict

Catch the sun in the river

Glittering gestures at a glance
The hem is silver embroidered silk

That enchanting kiss that the sun pours down
The river wraps around the sun.

My love,

This world is spinning in my arms
Even time to and fro

It's flowing with you.

바람, 불다

흩어진 공기를 모아
곧추세운 몸이
단풍잎 한 장의 무게로
쓰러진다

휘어지지 않고서는
타협할 수 없고
어깨에 내려앉은
힘을 빼지 않고서는
결코 마주할 수 없는,

바람이 던져주는
차가운 시선이
남은 달력에
말없이 꽂힌다

The Wind Blows

Barely standing
by gathering the scattered air,
a maple leaf
falls down.

There's no compromise
without being bent.
If I don't kake the strength
off my shoulders,
I'll never of able to have it.

The cold gaze
from the wind
is on the rest of the calendar
with out saying anying

생명

카메라 셔터를 누르면
또 하나의 모습

날던 새의 깃도
터지던 웃음도
흩날렸던 머리카락도

정지다

정지된 모든 것은
순간으로 매달려 살았다

셔터를 누르는 손가락 끝에,
영하의 매운바람 끝에
흔들리는 나뭇잎 끝에
매달려서 살아있는
또 하나의 생명

Life

Pressing the camera shutter
Another look

The feathers of flying birds
Even the burst of laughter Even the scattered hair

Stop

Everything stopped Dangling from the moment

At the tip of the finger pressing the shutter,
At the end of the freezing wind
At the end of the shaking leaves
Hanging alive
Another life

세월

세월이란 글자를 놓고
시간이라 읽는다

시간을 쪼개어 보니
날줄과 씨줄로 엮어진 순간들,

꽃이 피고 지고
겨울이 가고 봄이 오듯

아침을 빚고
저녁을 잠재운 세월은

오늘도 자기만의 무게로
시간을 엮는다

Time

Facing time as a whole
I read it as moments of time

Time is made with the split moments interwoven
like a fabric with weft and warp

As flowers bloom and fall
and spring comes after winter has gone

Time opens up the morning
and closes down the evening

With its own weight
time weaves the split moments of its own for today

비, 우산을 쓰다

내게로 오는 발걸음
둥그런 가슴으로 막는다

얇은 벽 하나로도
단절이 된다

빗물 스며들 듯
가슴속은 젖어 드는데

꼿꼿이 일직선으로 꽂히는 비쌀
너는 늘 빗줄기다

나는 언제나처럼
둥그런 벽 속에 숨어 있다

Rain, Under an Umbrella

Rain's steps fall near -
I stay within my sphere.

A paper-thin divide
Keeps all the world outside.

As raindrops thread my skin,
A stillness stirs within.

You fall in perfect line -
An arrow made of rain is mine.

I softly let it fall,
Behind my curved wall

두부

형체를 잃어가는 것이
아픈 일만은 아니다

눌리고 비틀어지는 고통이
슬픔만도 아니다

새로운 이름으로
반듯하게 태어나

다시금 맛보는
또 하나의 기쁨

Tofu

To lose my shape is not to fall,
Not every break is loss at all.

The strain, the twist, the softened blow –
Not all of pain is grief or woe.

With nameless grace, I form once more,
Reborn in stillness, as before.

And in this change, I find, not fear –
But quiet joy, serene and clear.

새해 단상

나무의 실금 사이로 보이는
하늘 빛이 곱다

줄지어 날아가는
새들이 궁금해지는 아침

바람은
거리에 옹기종기 모여들고

사람들은 저마다
따뜻한 소망 하나씩 품는다

어제인 듯
다가서는 오늘

오늘인 듯
다시 맞이할 내일

Morning at the Turn

Through bark's thin trace,
The sky finds grace.

The birds in flight
Leave thoughts alight.

The wind drew near,
In clustered cheer.

Figures walk in pace,
With hopes embraced by grace.

Today walks by,
In yesterday's reply.

Tomorrow waits,
With quiet, open gates.